Das Einmaleins der Achtsamkeit

Jessica Wilker

Das Einmaleins der Achtsamkeit

Vom sorgsamen Umgang mit
alltäglichen Gefühlen

mit Illustrationen von Wayne Sutherland

FREIBURG · BASEL · WIEN

© 1998 Theseus Verlag in der J. Kamphausen Verlag und
Distribution GmbH, Bielefeld
ISBN 978-3-89901-232-3

© Verlag Herder GmbH, Freiburg im Breisgau 2011
Alle Rechte vorbehalten
www.herder.de

Umschlagkonzeption und -gestaltung:
R·M·E Eschlbeck / Hanel / Gober
Umschlagmotiv: © Wayne Sutherland

Herstellung: fgb · freiburger graphische betriebe
www.fgb.de

Gedruckt auf umweltfreundlichem,
chlorfrei gebleichtem Papier
Printed in Germany

ISBN 978-3-451-07085-3

*Wenn einen weisen Freund man findet,
als Weggefährten, edel lebend, kraftvoll,
jedwede Widrigkeiten überwindend,
mag wandern man mit ihm, beglückt
und achtsam.*

Dhammapada
Vers 328

Übersetzung von Ven. Nyanaponika Mahathera

Meinen Freunden in Dankbarkeit

Inhalt

Einleitung • 9

Erster Tag • Es ist, wie es ist • 15

Zweiter Tag • Alles vergeht • 25

Dritter Tag • Achtsamkeit • 33

Vierter Tag • Die Qual der Wahl • 41

Fünfter Tag • Alles hat Folgen • 51

Sechster Tag • Freund und Feind • 61

Siebter Tag • Achtung, fertig, los! • 73

Guten Tag. Fühlen Sie sich gut? Läuft alles bestens? Oder gehören Sie etwa zu denen, die nicht alles im Griff haben, die auch mal Fehler machen und keineswegs perfekt sind? Könnte es sein, dass Sie manchmal von Ängsten geplagt werden? In der Wut Dinge tun, die Sie später bereuen? Vor lauter Verliebtheit den Kopf verlieren?

Das ist gut. Wirklich. Sonst müsste ich Sie jetzt enttäuschen. Das Buch hier wäre nichts für Sie – es beschäftigt sich nämlich eingehend mit Problemen!

Dieses Buch geht davon aus, dass für ganz gewöhnliche Menschen wie Sie und ich Gefühle eine echte Plage sein können. Jeden Tag sind wir ihnen von morgens bis abends ausgesetzt: Sie kneifen uns, stoßen und zerren und lassen uns nicht schlafen.

Manchmal wissen wir gar nicht so recht,

was wir mit ihnen anfangen sollen. Wie oft haben Sie sich zum Beispiel schon gefragt: *Soll ich jetzt meinem Gefühl nachgeben, oder wäre es besser, dem Verstand zu folgen?* Wie oft haben wir schon ungeschickte Entscheidungen getroffen: Wir halten etwa das zurück, was wir wirklich fühlen, und bereuen dann die verpasste Gelegenheit. Oder wir lassen uns von einem Gefühl verleiten, Dinge zu tun, die wir besser nicht täten. Manchmal aber leiden wir einfach unter einem unangenehmen Gefühl, ohne überhaupt etwas getan zu haben. Ja, die Gefühle können uns das Leben wirklich ganz schön schwer machen!

In diesem Buch wird aber nicht lang und breit darüber geklagt. Ganz im Gegenteil! Wir alle wollen ja schließlich glücklich sein. Wir möchten so gut wie möglich mit unseren Gefühlen umgehen können und so wenig wie möglich von ihnen gequält werden. Dieses Buch gibt Ihnen eine Vielzahl von Hinweisen, wie Sie das anstellen können.

Als Sieben-Tage-Programm aufgebaut, steht an jedem Tag ein Aspekt besonders im Vordergrund. Die Gefühle werden also genau angeschaut. Und zwar nicht nur von vorne, sondern auch von hinten, von oben und von unten. Es wird beobachtet, woher sie kommen und wohin sie gehen; geschaut, was sie mit uns tun und was wir mit ihnen. Dabei wird aber nur das betrachtet, was jeder gewöhnliche Mensch an einem gewöhnlichen Tag sehen kann.

Da wir alle Gefühle haben, verstehen wir in gewisser Weise, um was es geht. Wir wissen ganz genau, dass ein Gefühl etwas anderes ist als ein Gedanke, auch etwas anderes als ein Traum, ein Wort oder ein Blick, und wir sind uns sicher, dass es keine Handlung ist. Es ist uns klar, dass Gefühle in unserem Körper hausen und wir sie dort spüren. Wir wissen also genug, um mitdenken und auch mitreden zu können, wenn es um die Betrachtung unserer Gefühle geht. Nur sind wir uns oft nicht im

Klaren darüber, wie wir den Umgang mit ihnen am besten gestalten sollen.

Deshalb werden Ihnen im Verlauf des Buches verschiedene Werkzeuge vorgestellt, mit deren Hilfe Gefühle »bearbeitet« werden können. Mit einem zum Beispiel können Sie Unnötiges abmontieren, ein anderes biegt Krummes wieder gerade. Es sind einige mit scharfer Spitze darunter und auch solche mit weichem Griff.

Um diese Werkzeuge geschickt handhaben zu können, muss der Umgang mit ihnen praktisch geübt werden. Dazu gibt es in diesem Buch neben den Hinweisen für jeden Tag eine praktische Übung, die Sie an dem jeweiligen Tag, immer wenn Sie etwas Zeit haben, durchführen können und mit der Sie das Einmaleins der Achtsamkeit im Umgang mit Gefühlen vertiefen können. So lernen Sie, das Werkzeug selbst in die Hand zu nehmen, die einzelnen Handgriffe auszuprobieren, die Anwendung zu üben und Ihre eigenen Erfahrungen damit zu machen.

Dass Sie nach der Lektüre dieses Buches alles im Griff haben werden, ist natürlich kaum zu erwarten. Dass sich aber doch etwas verändert, wenn Sie sich eine ganze Woche lang intensiv mit Ihren Gefühlen auseinander setzen – das hingegen kann erwartet werden. Allerdings nur, wenn Sie dies auch tatsächlich tun!

Wir wollen diesen heutigen, ersten Tag mit der Feststellung beginnen, dass wir Normalsterbliche Gefühle haben. Eine ganze Palette von Gefühlen verschiedenster Färbung. Einen Ärger mit einem Schuss Bitterkeit am Morgen, eine zaghaft hoffnungsvolle Freude am Abend. Kraftstrotzende Gefühle, die uns über längere Zeit ihre Macht demonstrieren, oder blasse, die nach kurzer Zeit ihren Einfluss verlieren. Gefühle, die uns Tränen in die Augen treiben oder aber den Puls in die Höhe. Die einen finden wir wunderbar, andere hätten wir lieber nicht. Und umgekehrt: Jene hätten wir nun lieber nicht, solche hingegen finden wir ganz fantastisch.

Nun, das alles kommt Ihnen ja sicher aus eigener Erfahrung nur allzu bekannt vor. Aber jetzt einmal eine Frage an Sie: Können Sie wirklich behaupten, dass Sie irgendeine Kontrolle über dieses Sammelsurium von Emotionen haben? Oder dass Sie irgendetwas dazu zu sagen haben, wann ein Gefühl kommen bzw. verschwinden soll? *Nein danke, ich möchte mich jetzt gerade nicht beleidigt fühlen.*

Glauben Sie, dass nach unserer Meinung gefragt wird, welches Gefühl wir gerne hätten? *Bitte sehr, möchten Sie lieber weinen, sich freuen oder ärgern? Welche Stärke wünschen Sie? Hätten Sie gerne einen kleinen Wutausbruch, oder sagt Ihnen ein Heulkrampf eher zu?*

Nein, uns fragt man nicht. Überhaupt fragt man uns in vielem nicht.

Ob wir zum Beispiel krank werden wollen oder nicht, alt werden wollen oder nicht, sterben wollen oder nicht. Wir werden einfach älter und müssen sterben. Werden einfach vor vollendete Tatsachen gestellt: *Voilà, du wirst geboren. Jetzt musst du leben. Voilà, da hast du deinen Körper. Der ist groß oder klein, egal ob dir das passt; der ist gesund, ist krank, hat Hunger, friert. Und da, voilà, sind deine Gefühle: Traurigkeit,*

Wut, Ärger, Langeweile, Glück, Neid, Zufriedenheit, Eifersucht, Unruhe und so weiter.

Es hat den Anschein, dass die Antwort auf die Ihnen vorher gestellte Frage ein klares Nein sein muss, nicht wahr? Nun, auf jeden Fall liefert uns dieses Nein den allerersten Hinweis zum Umgang mit Gefühlen.

Wenn wir nämlich mit unseren Gefühlen so umgehen, als könnten wir sie kontrollieren, sie gar herbeiwünschen oder auswählen, dann sitzen wir einem fatalen Irrtum auf und machen uns dadurch das Leben unnötig schwer. Nichts hört nämlich auf, so zu sein, wie es ist, nur weil wir es nicht haben wollen oder weil wir es unbedingt haben wollen. Wir können Gefühle verfluchen, unterdrücken, verdrängen, uns nach ihnen sehnen, an ihnen hängen. Wir können uns hassen, wenn wir etwas Bestimmtes fühlen, uns schämen, schuldig erklären oder anderen die Schuld dafür in die Schuhe schieben. Aber, was glauben Sie, bringt ein solcher Umgang mit sich? Etwas Angenehmes?

Oder eher Magengeschwüre, krumme Rücken, schwarze Wolken im Gemüt und rosige, aus denen man immer wieder herabfällt?

Gefühle sind nun mal so, wie sie sind. Sie sind weder gut noch schlecht, richtig oder falsch. Sie sind einfach. Gehen wir im Umgang mit ihnen von dieser Tatsache aus, hat das viele positive Auswirkungen.

Wir müssen zum Beispiel innere Kämpfe wie den folgenden und viele ganz ähnlicher Art gar nicht mehr führen: *Klar, er war mein Hund, und jetzt ist er tot. Aber mich deswegen so traurig zu fühlen, das ist doch lächerlich. Nichts als sentimentales Getue. Ich sollte es einfach wegstecken können. Ich bin doch nicht jemand, der so leicht aus der Fassung zu bringen ist. Dass mir dies überhaupt wehtut, ist wirklich beschämend. Das ist ja fast wie damals als Kind, da musste ich auch heulen, als mein Teddy in den Teich fiel und nicht mehr gerettet werden konnte. Aber ich bin doch kein Kind mehr. Also wirklich. Damit muss sofort Schluss sein!*

Vielleicht haben wir uns schon so sehr an – *Das darfst du nicht fühlen! – Das sollst du nicht fühlen! – Das musst du fühlen!* – gewöhnt, dass wir es gar nicht mehr merken. Uns auf diese Weise immer wieder selbst Vorschriften zu machen, uns in Selbstzerfleischungen zu ergehen, zeigt aber, wie respektlos wir mit uns selbst umgehen. Erkennen wir an, dass Gefühle einfach sind, wie sie sind, müssen wir sie nicht mehr verleugnen oder schlecht machen. Wir haben auch keinen Grund mehr, so streng und hart mit uns ins Gericht zu gehen.

Unser Körper, der das alles ja mitmachen muss, wird dadurch ebenfalls weniger gequält. Er muss keine Symptome mehr produzieren, um uns darauf aufmerksam zu machen, dass wir unseren Umgang mit uns selbst einmal überdenken sollten. Wenn wir all das, was wirklich ist, leben lassen, wird das unserem Körper guttun. Kein hoher Blutdruck, verspannter Kiefer oder steifer Nacken mehr – es lohnt sich wirklich!

Wir sollten also heute wie ein höflicher Gastgeber die Tür öffnen, wenn es geklingelt hat, und unseren Gast begrüßen: *Ah, Sie sind es, Traurigkeit. Guten Tag. Schau an, Sie haben noch Tränen und Schluchzen mitgebracht! Bitte treten Sie ein.* Finden Sie nicht auch, dass dies ein angenehmeres Verhalten ist, als wenn wir die Tür sofort wieder zuknallen, kaum haben wir erkannt, wer unser Gast ist? Ihn noch anschreien: *Verschwinden Sie auf der Stelle! Ich will Sie nicht sehen. Ich will überhaupt nichts mit Ihnen zu tun haben.* Uns wegen des aufdringlichen Klingelns, mit dem er uns weiterhin belästigt, die Ohren zuhalten.

Lassen wir den Gast doch eintreten. *Und dann?* Nun, dann könnten wir ja einfach mal feststellen: *Da ist ein Gefühl, aha. Sieh einer an, ich bin traurig. Aha, so fühlt sich das also an. Weinen tu ich auch noch, aha.*

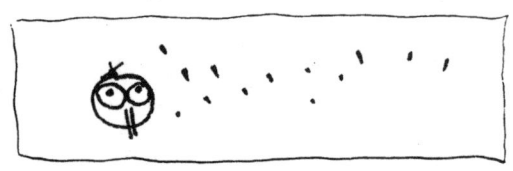

Zunächst ein paar Worte zu den Übungsanleitungen, die uns die Woche über begleiten:

Wenn Sie die Übungen allein machen, ist es am einfachsten, wenn Sie sich vorher den gesamten Text einige Male genau durchlesen und ihn sich so gut wie möglich zu merken versuchen. Führen Sie dann die Übung konkret durch, können Sie die Kurzformel als Gedächtnisstütze zu Hilfe nehmen.

Und nun zur Übung des ersten Tages:

Halten Sie heute, während des Tages, gelegentlich inne – *stop* –, und richten Sie Ihre Aufmerksamkeit auf Ihre Gefühle. Versuchen Sie dann wahrzunehmen, was Sie in diesem Moment fühlen.

Heißen Sie jedes Gefühl willkommen, und erlauben Sie ihm, da zu sein. Versuchen Sie, dabei wirklich keine Ausnahme zu machen.

Nehmen Sie Ihr Gefühl nur wahr, beurteilen Sie es nicht, denken Sie nicht darüber nach – betrachten Sie es einfach. Wenn Sie Ihr Gefühl einen Moment lang betrachtet haben, benennen Sie es.

Verwenden Sie zur Benennung Ihres Gefühls nicht die geläufigen Formulierungen, wie zum Beispiel *Ich bin traurig* oder *Ich fühle mich müde*, sondern versuchen Sie, Ihre Feststellung auf folgende Weise auszudrücken: *Da ist Trauer. Da ist Müdigkeit.*

Beenden Sie damit die Übung. Wiederholen Sie diese Übung mehrmals im Laufe des Tages. Wählen Sie dafür Momente, in denen Sie Zeit und Ruhe haben.

> Innehalten
> Gefühl wahrnehmen – Gefühl benennen
> Übung beenden

Zweiter Tag

Alles vergeht

Gestern wurde uns deutlich, dass Gefühle einfach sind, wie sie eben sind, und dass es für uns gut wäre, wenn wir diese Tatsache annehmen könnten. Aber Hand aufs Herz, als Sie die erste Übung durchführten, konnten Sie es da immer bei der Feststellung belassen: *Aha, dieses Gefühl habe ich also, so fühlt sich das an?*

Sind wir nicht häufig wählerische Gastgeber und behandeln unsere Gäste ungleich? Das eine Gefühl wird von uns gehätschelt: *Mach's dir bequem, Freude; bleib, so lange du willst; ich bin glücklich, wenn du da bist.* Ein anderes wird regelrecht hinausgeekelt: *Ich hab' Besseres zu tun, als meine Zeit mit dir zu verbringen, Ärger. Ja, es ist mir sogar äußerst unangenehm, wenn du da bist. Du bist nichts als eine Zeitverschwendung und lenkst mich nur von wichtigen Dingen ab!*

Nun, Sie stimmen sicher zu, dass Verliebtsein sich besser anfühlt als Examensbammel. Dass es im Winter schöner ist, wenn wir es warm haben, als wenn wir frieren, und dass es uns wohler ist, regennasse Kleider auszuziehen, als den feuchten Stoff am Körper kleben zu haben.

Wir alle empfinden so – einiges ist uns angenehm, anderes nicht –, und wir wollen, dass das Angenehme bleiben möge. Es ist ja so viel wohltuender als das Unangenehme! Und das Unangenehme ist einfach wirklich unerfreulicher als das Angenehme. Nur möglichst schnell weg damit!

Dem Wollen, Wünschen und dem Versuch, unsere Gefühle zu kontrollieren, sind wir ja gestern bereits begegnet. Und damit werden wir wohl heute, wie Sie wahrscheinlich ahnen, ebenfalls scheitern: Wie sehr wir uns nämlich auch wünschen, es möge doch so schön bleiben, wie sehr wir uns auch abmühen, damit es wieder so schön wird: Nichts bleibt, alles vergeht.

Das ist bedauerlich, aber es ist leider so. Rufen Sie sich zum Beispiel in Erinnerung, wie es sich anfühlte, als Sie einmal etwas erhielten, das Sie sich sehnlichst gewünscht hatten. Haben Sie diese freudige Überraschung, dieses *Wow, ich habe es* länger als einen oder zwei Tage lang gespürt? Hat sich dieses Gefühl dann nicht gewandelt zu einem *Bin froh, dass ich es habe?* Und war es ein paar Wochen später für Sie dann nicht ganz selbstverständlich, dass Sie das Ersehnte nun besitzen?

Es scheint also der Fall zu sein, dass Gefühle sich ständig verändern, von Tag zu Tag, von Stunde zu Stunde, ja selbst von Moment zu Moment. Sie tauchen einfach auf, sind da und gehen wieder. Eigentlich ist es genauso wie mit allen anderen Dingen auf der Welt auch: *Wir beginnen als Embryo und hören als Leichnam auf, dazwischen erleben wir Pubertät und Wechseljahre. Es regnet und hört auf zu regnen. Der rotbackige, knackige Apfel ist nach drei Wochen schrumpelig.*

Angesichts dieser Tatsachen müssen wir uns heute wohl damit auseinander setzen, dass wir Gefühle nicht festhalten, nicht konservieren und auch nicht besitzen können; wir müssen akzeptieren, dass die Gefühle kommen und gehen, dass sie sich intensiv anfühlen, schwächer werden und dann ganz verschwinden – und all dies können wir nicht kontrollieren, wir können den Prozess nicht aufhalten, nur weil er uns nicht gefällt.

Wenn Sie das ein bisschen ungerecht und gemein finden, dann denken Sie daran, dass ja nicht nur das Angenehme vergeht, sondern glücklicherweise auch das Unangenehme. Es gelingt uns zwar nicht, das Unerfreuliche zu vermeiden, wir müssen es ertragen, aber auch Leidvolles kommt – und geht wieder. Wie groß irgendein Schmerz auch immer sein mag: Er fühlt sich zunächst vielleicht unerträglich an, dann erscheint er uns gerade noch aushaltbar, und irgendwann spüren wir ihn gar nicht mehr. Und das ist letztlich doch eine tröstliche Gewissheit, finden Sie nicht auch?

Doch unsere heutige Betrachtung der Gefühle tröstet uns nicht nur. Sie will uns auch warnen. Denken Sie nur daran, welche Folgen es hätte, gäbe man Ihnen Pralinen, die einfach himmlisch schmecken, und Sie würden nicht aufhören zu essen: *Hmm, köstlich! Meine Lieblingsfüllung. Und hier, Schokoladenguss! Ah, herrlich! Au ja, diese hier mit dem rosa Zuckerguss will ich auch noch versuchen. Und die da auch, und die da …* Nun, dass dies irgendwann einmal ziemlich unappetitlich enden wird, können sie sich sicher lebhaft vorstellen!

Es geht einfach nicht, eine Empfindung ewig behalten zu wollen. Wir müssen bereit sein, immer wieder loszulassen. Wollten wir immer nur einatmen, könnten wir nicht überleben. Wir müssen genauso ausatmen.

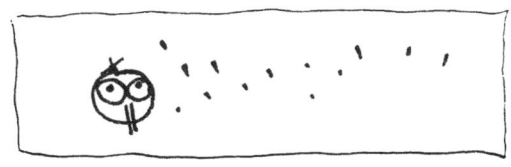

Halten Sie heute unmittelbar nach dem Aufwachen das erste Mal inne, und richten Sie Ihre Aufmerksamkeit auf Ihre Gefühle. Nehmen Sie wahr, was Sie in diesem Moment fühlen, und benennen Sie das Gefühl.

Heißen Sie jedes Gefühl willkommen, und erlauben Sie ihm, da zu sein. Versuchen Sie, dabei wirklich keine Ausnahme zu machen. Nehmen Sie Ihr Gefühl nur wahr, beurteilen Sie es nicht, denken Sie nicht darüber nach. Versuchen Sie, das Gefühl auf folgende Weise zu benennen: *Da ist Trauer. Da ist Müdigkeit. Da ist Freude.*

Wiederholen Sie diese Übung in den verschiedenen Zeitabschnitten Ihres Tages, wie zum Beispiel vormittags, nachmittags und abends.

Wählen Sie dafür jeweils Momente, die für Sie zum Üben geeignet sind.

Rufen Sie sich bei jeder Wiederholung der Übung nach der Benennung des gegenwärtigen Gefühls wieder jenes in Erinnerung, das Sie beim letzten Innehalten benannt hatten. Versuchen Sie dann wahrzunehmen, ob Sie sich jetzt noch genauso fühlen wie zuvor oder ob sich etwas geändert hat.

Beenden Sie dann die Übung.

Innehalten
Gefühl wahrnehmen – Gefühl benennen
Veränderungen wahrnehmen
Übung beenden

Dritter Tag

Achtsamkeit

Lassen Sie uns den dritten Tag mit der Frage beginnen, was wir denn nun angesichts der Unkontrollierbarkeit und Vergänglichkeit von Gefühlen – den zwei Eigenschaften, die wir in den letzten beiden Tagen kennen gelernt haben – überhaupt tun können, um zu einem geschickteren Umgang mit unseren Gefühlen zu kommen. *Möchte, wäre, hätte, könnte, sollte, müsste, würde* – solche Einstellungen bringen uns nicht weiter, das haben wir erkannt. *Ja, aber welche denn dann?* Ganz einfach: Wir nehmen wahr, was ist. Und mehr nicht.

Ich habe ein Gefühl und nehme wahr, dass ich ein Gefühl habe. Mehr nicht. Ich habe ein angenehmes Gefühl und nehme wahr, dass ich ein angenehmes Gefühl habe. Mehr nicht. Ich habe ein unangenehmes Gefühl und nehme wahr, dass ich ein unangenehmes Gefühl habe. Mehr nicht.

Das hört sich nun vollkommen unspektakulär an, nicht wahr? Lassen Sie uns deshalb nochmals genau hinschauen. Wahrnehmen heißt ja, dass man sich dessen, was ist, bewusst wird. Und das ist eine ganz entscheidende Bedingung dafür, überhaupt gezielt handeln zu können. Denn erst, wenn etwas in unserem Bewusstsein ist, können wir auch bewusst damit umgehen. Also doch gar nicht so unwichtig!

Nun geht es ja aber nicht einfach nur ums *Wahrnehmen*, sondern ums *Wahrnehmen und mehr nicht*. Und genau das, dieses *mehr nicht*, ist eigentlich das A und O im Umgang mit den Gefühlen. In gewisser Weise sind die Hinweise des heutigen Tages die wichtigsten und stellen sozusagen das Herzstück der Woche dar.

Wahrnehmen und mehr nicht – nennen wir es hier der Einfachheit halber Achtsamkeit – hat nämlich eine enorme Wirkung und ist für uns von größtem Nutzen.

Diese Achtsamkeit, die einfach feststellt,

was ist, und weder wertet, wünscht noch will, ist der klare Blick auf die Wirklichkeit, so wie sie ist. Durch sie wird das, was sein sollte oder sein könnte, wenn dies oder jenes anders wäre, als es ist, als bloße Vorstellung oder als Wunsch entlarvt – und das, was tatsächlich ist, tritt an dessen Stelle.

Achtsamkeit hilft uns dabei, uns nicht im Netz der Illusionen zu verheddern und in der Scheinwelt von Vorstellungen und Gedanken zu leben. Sie verhindert auch, dass wir gegen etwas kämpfen, bei dem wir von vornherein keine Chance haben zu gewinnen. Denn die Wirklichkeit ist so viel mächtiger als unsere Ideen über sie. Sie besiegen zu wollen ist wie der Versuch, aus einem Hund eine Katze zu machen: *Wieso miaust du nicht, du dummes Tier? Du sollst einen Buckel machen, nicht Männchen. Und ich will jetzt, dass du auf diesen Baum kletterst.*

Wenn wir also achtsam sind und das sehen, was ist, haben wir etwas ganz Entscheidendes erreicht: Wir befinden uns dann nämlich in dem berühmten, viel zitierten und gepriesenen Hier und Jetzt.

Zum Beispiel an einer Bushaltestelle spät abends. Eben haben Sie das Restaurant verlassen, in dem Sie nach einem Vortrag noch mit Freunden zusammensaßen. Sie sind aufgebracht. *Wie kann der nur so etwas behaupten, das ist ja völlig hirnverbrannt. Das lasse ich so nicht stehen, kommt gar nicht in Frage. Morgen werde ich ihn zur Rede stellen. Jawohl, das mit der Verantwortung, da werde ich Folgendes ...* Während Sie über das vergangene Gespräch wütend sind und die Argumente zusammenstellen, die Sie morgen anbringen werden, weht ein lauer Wind den süßen Duft von Jasmin durch die leere Straße, und aus einem Garten kommt eine Katze mit hoch erhobenem Schwanz auf Sie zu. Sie bleibt vor Ihnen stehen und schaut Sie erwartungsvoll an. Dann beginnt sie aufdringlich um Ihre Beine zu streichen. *So streichle mich doch*. Aber der Wunsch wird ihr nicht erfüllt. Kein Wunder, wie könnte er auch. Sie sind ja gar nicht da! Nach einer Weile gibt die Katze es auf und verlässt Sie, um sich jemanden zu suchen, der nicht in der Zukunft oder der Vergangenheit weilt, sich Sorgen macht oder etwas bereut, sondern der ihr hier in der Gegenwart den Kopf krault.

Und so, wie Sie nicht wahrgenommen haben, dass die Katze kam, merken Sie auch nicht, dass sie wieder geht. Schade. Weniger, weil Sie die Gelegenheit verpasst haben, eine Katze zu streicheln – so eine kommt bestimmt wieder –, sondern weil sie diesen Moment Ihres Lebens verpasst haben, und der kommt mit Sicherheit nicht wieder.

.

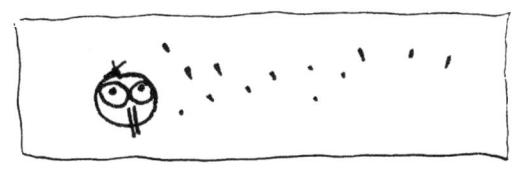

Halten Sie heute unmittelbar nach dem Aufwachen das erste Mal inne, und richten Sie Ihre Aufmerksamkeit auf Ihren Körper. Versuchen Sie zunächst wahrzunehmen, welche Körperhaltung Sie gerade einnehmen (zum Beispiel auf dem Rücken liegen), und spüren Sie die Berührungen Ihres Körpers (zum Beispiel mit der Matratze).

Denken Sie nicht darüber nach, sondern versuchen Sie als Nächstes wahrzunehmen, wie sich Ihr Körper als Ganzes in diesem Moment gerade anfühlt.

Denken Sie auch über diese Wahrnehmung nicht nach, spüren Sie Ihren Körper nur, und richten Sie nach einer Weile Ihre Aufmerksamkeit auf Ihre Gefühle. Nehmen Sie wahr, was Sie jetzt gerade fühlen, und benennen Sie es.

Versuchen Sie sodann zu erkennen, wo in Ihrem Körper Sie dieses Gefühl wahrnehmen und auf welche Weise. Knüpfen Sie auch an diese Wahrnehmung keine Gedanken, sondern nehmen Sie nur wahr, wie sich das Gefühl jetzt gerade in Ihrem Körper zeigt.

Beenden Sie nach einer Weile die Übung, indem Sie Ihre Aufmerksamkeit wieder auf Ihren Körper richten und seine gegenwärtige Haltung und seine Berührungen wahrnehmen.

Wiederholen Sie diese Übung im Verlauf des Tages. Wählen Sie dafür Momente, die für Sie zum Üben geeignet sind.

Innehalten
Körper wahrnehmen – Gefühl wahrnehmen
Gefühl im Körper wahrnehmen
Körper wahrnehmen – Übung beenden

Vierter Tag

Die Qual
der Wahl

Gestern haben wir die Achtsamkeit als die wichtigste Voraussetzung für den Umgang mit unseren Gefühlen kennen gelernt. Somit sind wir jetzt in der Lage, uns dem Ausdrücken von Gefühlen, dem Handeln selbst zuzuwenden. Lassen Sie uns also heute, am vierten Tag, darüber sprechen, wie wir es praktisch anstellen können, möglichst geschickt mit unseren Gefühlen umzugehen.

Ich bin wütend! Ganz schrecklich wütend. Oh ja, ich merke es, und wie ich es merke! Mir ist ganz heiß, mein Herz rast. Ich könnte schreien, nein, etwas zusammenschlagen, nein, ich, ach, ich bin so wütend.

Ja, was tut man, wenn man sich in so einer Lage und Stimmung befindet? Schreien? Losschlagen? Die Tür zuknallen? Einen Teller an die Wand schmettern? Den Kopf unter kaltes Wasser halten? Was meinen Sie?

Das kann man wahrscheinlich nicht so einfach sagen. Das kommt sicher auf die Situation an. Und auf den Charakter. Und die Intensität des Gefühls. Wird ein eher heißblütiger Typ richtig wütend, schlägt er zu. Befindet er sich dabei in einer Lage, in der er der Schwächere ist, bricht er seinem Gegenüber kein Nasenbein, sondern zerstört den ersten besten Gegenstand. Hat er hingegen nur ein Wütchen, knallt er höchstens die Tür hinter sich zu … Gefühl X regt sich – *Klick* –, Programm Y startet. Würde dies aber nicht bedeuten, dass wir letztlich nur reflexartig handeln und nicht selbst bestimmen können, was wir tun, wie wir uns ausdrücken wollen?

Gehen wir aber im Allgemeinen nicht eher davon aus, dass wir Menschen die Mittel, mit denen wir unsere Gefühle ausdrücken, frei wählen können – trotz der Umstände, unseres Charakters und der Art der Gefühle?

Lassen Sie uns also die Situation nochmals betrachten: Wir merken, dass wir wütend sind, sehr wütend. Wir sind uns dessen bewusst, dass wir den Impuls haben loszuschlagen, das Bedürfnis zu schreien – aber nichts und niemand zwingt uns, dies auch zu tun.

Zwar haben wir keine Kontrolle darüber, was wir wann und wie fühlen, wir können es nur wahrnehmen. Aber wir haben doch immer freie Hand, was wir mit dem Gefühlten anfangen wollen. Uns steht eine ganze Palette, eine Vielzahl von Handlungsmöglichkeiten zur Verfügung.

Freuen Sie sich über etwas, können Sie einen Luftsprung machen, eine Flasche Champagner öffnen, sich im Spiegel zulächeln, ganz nach Belieben. Sind Sie traurig, können Sie den Tränen freien Lauf lassen, ein heißes Bad nehmen, Ihre beste Freundin anrufen oder alles zusammen.

Nun kommt es aber manchmal trotzdem vor, dass ein Gefühl so stark ist, dass es uns überwältigt. Wir haben dann gar keine Wahl mehr und sind ihm einfach ausgeliefert. Wir können dann nur noch wahrnehmen, dass wir jetzt gerade von einem Gefühl überwältigt werden.

Wie zum Beispiel heute Morgen, als Ihr Kind Sie die ganze Zeit auf Trab gehalten hat und Ihnen ganz schön auf die Nerven ging. Sie haben eine verquetschte Banane vom Teppich geklaubt, vergeblich nach dem heiß geliebten Spielzeug gesucht, die Blumenvase gerade noch vor dem Umfallen retten können, und jetzt sind Sie spät dran mit dem Mittagessen. Endlich aber ist es so weit, das Essen steht auf dem Tisch, Sie lehnen sich zurück und lassen sich die ersten Bissen schmecken. Ihr Kind hingegen ist nicht mit Essen beschäftigt, sondern transportiert mit seinem Legolastwagen die Erbsen vom Teller auf den Tisch, wo es sie auskippt. Da werden Sie von Ihrem Gefühl überwältigt! *Hör sofort mit diesem Blödsinn auf!*, schreien Sie. *Schau mal diese Schweinerei an! Gib mir den Lastwagen!* Sie reißen Ihrem Kind das Auto mit solcher Wucht aus der Hand, dass die

Erbsen nur so herumpurzeln und das Heck des Lastwagens abbricht. Ihr Kind beginnt zu weinen.

Nicht verzweifeln! Sogar in dieser miesen Lage haben Sie noch eine Wahl! Sie können sich nämlich jetzt aussuchen, wie Sie mit der Überwältigung und deren Folgen umgehen wollen. *Geh in dein Zimmer. Ich will dich in den nächsten zehn Minuten nicht mehr sehen.* Das wäre eine Variante. Oder Sie könnten sich selbst in Ihr Zimmer zurückziehen: *Jetzt will ich für zehn Minuten meine Ruhe haben.* Eine weitere Möglichkeit wäre es, tief durchzuatmen, sich dann bei Ihrem weinenden Kind zu entschuldigen und zu versprechen, den Lastwagen wieder zu reparieren.

Sie sehen, in jeder Lage – auch wenn manchmal die Auswahl wirklich nicht sehr groß ist – sind wir frei zu entscheiden, was wir mit all dem, was ist, anfangen wollen.

Wir müssen allerdings auch der Tatsache ins Auge sehen, dass wir in jeder Lage die Verantwortung für die getroffene Wahl zu übernehmen und zu tragen haben. Das kann leider auch ziemlich lästig sein. Wie bequem ist es doch, die Verantwortung einfach jemand anderem zuzuschieben: *Du hast mich wütend gemacht, darum haue ich dich. Wegen dir habe ich diese Schüssel zerschlagen, du bist schuld. Und auch, dass ich mich jetzt betrinken muss, ist deine Schuld.* Aber schauen Sie mal genau hin. Können Sie denn allen Ernstes behaupten, dass derjenige, der Sie so wütend gemacht hat, Ihren Arm genommen und sich selber damit geschlagen, dann die Schüssel auf den Boden geschmissen und Ihnen Alkohol die Kehle heruntergegossen hat?

Wie wir es auch immer drehen und wenden, es bleibt dabei: Wir haben die Freiheit der Wahl und tragen damit die alleinige Verantwortung für den Ausdruck unserer Gefühle.

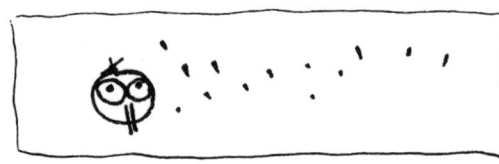

Halten Sie heute gelegentlich in solchen Momenten inne, die für Sie zum Üben geeignet sind.

Nehmen Sie als Erstes Ihren Körper wahr, seine momentane Haltung, seine Berührungen, und nehmen Sie wahr, wie er sich als Ganzes anfühlt. Danach richten Sie Ihre Aufmerksamkeit auf Ihr Gefühl. Nehmen Sie wahr, was Sie jetzt gerade fühlen, und benennen Sie es. Richten Sie schließlich Ihre Aufmerksamkeit wieder auf Ihren Körper, und nehmen Sie wahr, wie sich das Gefühl jetzt gerade in Ihrem Körper zeigt.

Denken Sie nicht darüber nach, sondern versuchen Sie dann als Nächstes wahrzunehmen, ob Sie dieses körperliche Gefühl angenehm finden, ob Sie es unangenehm finden oder ob es für Sie neutral ist. Fügen Sie keine weiteren Bewertungen hinzu, denken Sie nicht darüber nach – nehmen Sie nur wahr, ob es für Sie angenehm, unangenehm oder neutral ist.

Beenden Sie nach einer Weile die Übung, indem Sie Ihre Aufmerksamkeit wieder auf Ihren Körper richten und seine momentane Haltung (zum Beispiel sitzen) und seine Berührungen (zum Beispiel mit dem Stuhl) wahrnehmen.

Innehalten
Körper wahrnehmen – Gefühl wahrnehmen
Gefühl im Körper wahrnehmen –
Bewertung wahrnehmen
Körper wahrnehmen – Übung beenden

FÜNFTER TAG

ALLES HAT FOLGEN

Nachdem wir gestern festgestellt haben, dass wir die Verantwortung für den Ausdruck unserer Gefühle tragen müssen, wollen wir uns heute, am fünften Tag, damit beschäftigen, wie wir mit dieser Verantwortung gut umgehen könnten.

Hoffentlich möchten Sie jetzt aber nicht erfahren, welche Handlungen gut sind und welche man besser unterlässt, denn da müsste ich Sie enttäuschen. Davon wird nämlich nicht die Rede sein. Was eine moralisch gute Tat ist, das zu bestimmen überlassen wir anderen: den Religionen zum Beispiel, den Philosophen, den Pfadfindern oder jedem Einzelnen. Hier werden wir nur das anschauen, was grundsätzlich in Betracht gezogen werden sollte, wenn es um das Ausdrücken von Gefühlen geht.

Versetzen Sie sich einmal in die folgende Lage: Sie befinden sich auf einer Wanderung. Das

Gelände ist schwierig, und Sie sind schon lange unterwegs. Sie sind müde, und Ihre Füße schmerzen. Sie fallen zurück, die anderen überholen Sie, einer nach dem anderen. Da beginnen sich verschiedene Gefühle in Ihnen zu regen, ein Cocktail aus Ehrgeiz, Stolz und Trotz. Der steigt Ihnen zu Kopf, rinnt durch Ihre Glieder, setzt sich in Ihrer Brust fest, und Sie sagen sich: *Ich kann auch mit wunden Füßen weiterwandern. Ich brauche keine Pause einzulegen. Ich will auf keinen Fall hinter allen anderen herlaufen.* Sie beißen die Zähne zusammen und versuchen, die anderen zu überholen. Es kommt für Sie überhaupt nicht in Frage, langsamer zu werden oder sogar anzuhalten, die Schuhe auszuziehen und Ihre Füße zu massieren. Damit haben Sie Ihre Wahl getroffen, wie Sie Ihre Gefühle ausdrücken wollen. Ob dies nun eine gute Wahl war oder nicht, diese Frage beschäftigt uns hier, wie schon gesagt, nicht.

Von Interesse ist für uns hingegen die Tatsache, dass Ihre Wahl Folgen hat. Wenn Sie so weiterlaufen, kriegen Sie vielleicht Blasen an den Füßen, die Ihnen in der letzten halben Stunde fürchterlich wehtun. Oder es wird Ihnen Bewunderung von Ihren Weggefährten zuteil, und Sie bekommen ein Angebot, an einer noch schwierigeren Tour teilzunehmen. Es könnte auch sein, dass niemand Ihre Anstrengung bemerkt und Sie am Ende der Wanderung einfach erschöpft sind.

Was es auch immer sein wird, offensichtlich wird das, was Sie tun, eine Wirkung haben.

Wenn wir uns dies noch etwas genauer ansehen, erkennen wir, dass unsere Taten zunächst einmal immer Folgen für uns selbst haben. *Uns* plagen nämlich die Blasen an den Füßen. *Wir* müssen mit der Bewunderung oder Nichtbeachtung der anderen umgehen. Wir sehen aber auch, dass wir auf *andere* wirken, und unsere Handlungen Folgen haben für Menschen, Tiere, überhaupt für alles auf der Welt. Dazu kommen Ihnen sicher Hunderte von Beispielen in den Sinn!

Was uns nun aber nicht so leicht fällt anzunehmen, ist die Tatsache, dass die Folgen unserer Handlungen nicht nur angenehm, sondern auch unangenehm sein können; und unter Umständen überhaupt nicht so sind, wie wir das eigentlich wollten oder wünschten. Ja, es kann sogar geschehen, dass wir trotz unserer guten Absichten nichts Erfreuliches ernten. Oder ist es Ihnen noch nie passiert, dass Sie auf Ihr herzliches *Guten Tag* ein mürrisches Knurren zur Antwort erhielten?

Nicht wahr, das macht uns zu schaffen! Wir möchten nämlich die Wirkung unserer Handlungen nach unseren Vorstellungen steuern können und hätten am liebsten nur angenehme Folgen. Wir würden doch so gerne Einfluss auf unser Wohlergehen haben!

Haben wir denn wirklich gar keine Möglichkeit, auf die Folgen unseres Tuns Einfluss zu nehmen? Doch, doch, die haben wir durchaus.

Sie können zum Beispiel innehalten, bevor Sie etwas tun. Eine Pause einlegen zwischen

Fühlen und Handeln. *Und dann? Nach der Pause?* Dann könnten Sie zum Beispiel nichts tun.

Nichts tun! Ja. Wir dürfen bei unserem Nachdenken über das Handeln nämlich nie vergessen, dass wir immer auch die Freiheit haben, nicht zu handeln! Gar nichts tun, unser Gefühl einfach nur wahrzunehmen und zu spüren. Das ist oft sogar die beste Lösung! Denn, wie wir gesehen haben, verändern sich Gefühle unablässig; sie kommen, und sie vergehen auch wieder. Es ist also gar nicht nötig, und es ist auch gar nicht so ratsam, auf jedes Gefühl zu reagieren und zur Tat zu schreiten.

Sie könnten aber auch innehalten und dann in Achtsamkeit eine Entscheidung treffen. *Achtsam entscheiden?* Erinnern Sie sich an das, was wir vor zwei Tagen über die Achtsamkeit gesagt haben? Um das geht es hier. Darum, genau hinzuschauen und das Jetzt, das Hier, die Wirklichkeit, so wie sie ist, wahrzunehmen. Und zwar die ganze Wirklichkeit – nicht nur die Gefühle, nein, auch die Gedanken, den Körper, die Zeit und den Raum.

Wir bestehen ja auch nicht ausschließlich aus Gefühlen! Es wäre sogar ziemlich gefährlich, bei einer Entscheidung nichts anderes als unsere Gefühle zu berücksichtigen. Stellen Sie sich zum Beispiel vor, was auf der Wanderung hätte geschehen können, wenn Sie einzig Ihr Gefühl von Stolz beachtet hätten: *Ihren Körper hätten Sie mit dem schnellen Tempo überfordert, Ihr Schritt wäre unsicher geworden, Sie wären vielleicht gestolpert, den Hang hinuntergefallen und hätten sich das Bein gebrochen!*

Wenn uns hingegen möglichst das Ganze bewusst ist – *jetzt, innen, außen, oben, unten, Herz, Kopf, Magen, Bein* –, bewegen wir uns auf einem sichereren Boden. Wir haben dann eine gute Chance, all das in unsere Entscheidung mit einzubeziehen, was in dem jeweiligen Augenblick existiert und was somit für unsere Entscheidung, wie wir unser Gefühl ausdrücken wollen, wichtig ist. Die Wirkung, die unsere Entscheidung dann haben wird, kann – wie wir bereits gesehen haben – so oder so sein. Aber seien Sie sich gewiss: Eine achtsame, bewusste Entscheidung verhindert bestimmt manche Torheit.

Sie sehen also, wir haben schon einen gewissen Einfluss!

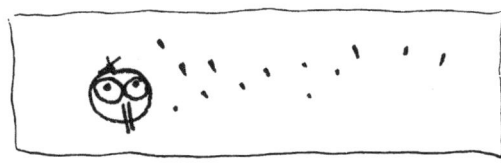

Halten Sie heute unmittelbar nach dem Aufwachen das erste Mal inne, und nehmen Sie Ihren Körper wahr, dann Ihr Gefühl. Nehmen Sie als Nächstes wahr, wie sich das Gefühl in Ihrem Körper zeigt.

Denken Sie nicht darüber nach, sondern versuchen Sie dann als Nächstes wahrzunehmen, ob Sie dieses körperliche Gefühl angenehm finden, ob Sie es unangenehm finden oder ob es für Sie neutral ist. Fügen Sie keine weiteren Bewertungen hinzu, denken Sie nicht darüber nach – nehmen Sie nur wahr, ob es für Sie angenehm, unangenehm oder neutral ist.

Versuchen Sie dann, einen Entschluss zu fassen, was Sie als Nächstes tun (zum Beispiel aufstehen, liegen bleiben, sich schneuzen etc.).

Bevor Sie den gefassten Entschluss in die Tat umsetzen, halten Sie inne – *stop* – und beenden dann die Übung, indem Sie Ihre Aufmerksamkeit wieder auf Ihren Körper richten und seine momentane Haltung und seine Berührungen wahrnehmen.

Wiederholen Sie diese Übung im Verlauf des Tages. Wählen Sie dafür Momente, die für Sie zum Üben geeignet sind.

Innehalten
Körper wahrnehmen – Gefühl wahrnehmen
Gefühl im Körper wahrnehmen –
Bewertung wahrnehmen
Entschluss fassen – Bewertung wahrnehmen
Innehalten – Körper wahrnehmen
Übung beenden

Sechster Tag

Freund und Feind

Haben Sie auch schon mal mit einem Gameboy herumgespielt? Eine kleine, zappelige Figur auf ihrem Weg begleitet, auf dem ständig Hindernisse auftauchen, die beseitigt oder überwunden werden müssen? Wenn nicht, ist Ihnen die Situation aber sicher aus Ihrem eigenen Leben bekannt: dass sich uns nämlich immer wieder große oder kleine Hindernisse in den Weg stellen, über die wir stolpern oder nicht hinwegkommen und die so unser Fortkommen behindern.

Lassen Sie uns heute, am sechsten Tag, einen Blick auf die Hindernisse werfen, denen wir beim Umgang mit Gefühlen begegnen, und lassen Sie uns eines davon genauer unter die Lupe nehmen. Und zwar eines, dessen Überwindung – wären wir die Figur im Gameboy – uns ganz viele Punkte brächte!

Es handelt sich – um die Gewohnheit. Nun,

zunächst klingt der Begriff Gewohnheit so beschaulich und harmlos. Aber davon kann nicht die Rede sein. Gewohnheiten sind nämlich wahre Meisterinnen darin, sich vor das zu schieben, was ist, und uns die Sicht darauf zu verwehren. Ganz frech mischen sie sich ein und wollen dann auch noch den Ton angeben: *Immer, wenn ich mich jemandem ganz nah fühle, wird es mir zu eng, und ich habe das Bedürfnis, allein zu sein. Immer, wenn ich mich verunsichert fühle, werde ich aggressiv. Immer, wenn ich mich beleidigt fühle, stecke ich einfach alles ein.*

Dass sich die Gewohnheiten so anhören, hat ganz bestimmte Gründe. Lassen Sie uns diese ein wenig näher kennen lernen. Dazu werfen wir einmal einen Blick hinter die Kulissen, dorthin, wo die meisten Gewohnheiten entstehen.

In jeder Familie herrschen offen erklärte und auch ungeschriebene Gesetze. *Wut und Ärger und überhaupt alle frustrierten Gefühle soll man lautstark und ungehemmt ausdrücken* – so könnte zum Beispiel eines lauten. Wer in einer solchen Familie aufwächst, gewöhnt sich an Streit und Zank. Andere in der Wut anzubrüllen wird zur Gewohnheit. In einer anderen Familie gilt vielleicht genau das Gegenteil: *Wut und Ärger ausdrücken, das gehört sich nicht. Man muss diese Gefühle stets im Griff haben.* Hier wird sich die Gewohnheit herausbilden, solche Gefühle zu unterdrücken und sich sogar dafür zu schämen, sie überhaupt nur zu empfinden.

Wieder in einer anderen Familie herrscht das ungeschriebene Gesetz, dass es zwar statthaft ist, *Ärger und Leid auszudrücken, aber zum Beispiel keine Freude, keine ausgelassenen, positiven Gefühle*.

Natürlich tragen nicht nur Familiennormen zu unseren Gewohnheiten bei: Kultur und Tradition produzieren auch einige, und persönliches Temperament steuert ebenfalls das seine dazu bei.

Dass sich Gewohnheiten dann hartnäckig halten und bei uns einnisten können, hat ebenfalls seine Ursachen: Ängste sind eine solche Ursache, aber auch Trägheit und Bequemlichkeit. Und sicher geben ihnen Erfolge sowie Misserfolge jeweils Nahrung. *Wer hört schon ohne weiteres auf, andere anzuschnauzen, wenn dadurch erreicht werden kann, was man will? Und wer wagt schon, Ärger zu zeigen, wenn die Angst vor Liebesverlust im Nacken sitzt? Wer hört schon freiwillig auf, sein Leid zu demonstrieren, wenn man so doch Zuwendung bekommt, sich andere um einen kümmern?*

Nun, aus welchen Gründen auch immer Gewohnheiten entstanden sind und bei uns bleiben, ihre Wirkung ist jedenfalls stets die gleiche: Sie behindern den Umgang mit unseren Gefühlen ganz erheblich. Sie trennen uns von dem ab, was im Augenblick in uns lebendig ist.

Manche von uns haben sich zum Beispiel daran gewöhnt, Schmerz nicht zu zeigen und ihn unter keinen Umständen auszudrücken.

Passiert dann einmal etwas, das uns verletzt und schmerzt, tritt die Gewohnheit in Aktion:

...ssen uns nichts anmerken. Damit bleibt ...er die freie Wahlmöglichkeit auf der Strecke, und eine Entscheidung, die alle Tatsachen des Hier und Jetzt mit einbezieht, ist gar nicht möglich. Aufdringlich stellt sich uns die Gewohnheit in den Weg, verwehrt einen freien Blick auf die Wirklichkeit und hindert uns, das Beste aus unserer Lage zu machen.

So reagieren wir auf unseren Schmerz, wie wir es gewohnt sind: *Wir zeigen ihn nicht. Wir weinen nicht. Wir sprechen mit niemandem darüber. Wir klagen nicht.* Und verwehren uns dadurch Trost, Erleichterung und Mitgefühl.

Sie sehen, man kann Gewohnheiten wirklich nicht als harmlos bezeichnen! Seien Sie also heute besonders aufmerksam. Benutzen Sie die Achtsamkeit als Ihre Verbündete, und versuchen Sie einmal wahrzunehmen, wann Sie einfach nur gewohnheitsmäßig handeln. Machen Sie sich einige Ihrer Gewohnheiten bewusst, und nehmen Sie wahr, welche Gefühle diese Gewohnheiten in Ihnen auslösen.

Versuchen Sie dabei auch, einmal ganz anders als gewohnt auf ein Gefühl zu reagieren. Sie werden merken, wie beharrlich Gewohnheiten sein können: Immer und immer wieder wollen sie uns diktieren, was wir tun sollen. Nur Mut! Nicht aufgeben! Hindernisse können überwunden werden!

Im Lauf des Lebens tauchen selbstverständlich nicht nur Hindernisse auf. Es gibt vieles, das uns hilft und die Dinge für uns einfacher macht. Wir wollen uns jetzt diesen Hilfsmitteln zuwenden und eines aussuchen, das uns beim Umgang mit Gefühlen von großem Nutzen ist.

Nehmen wir einmal an, jemand erzählt Ihnen folgende Geschichte: *Ich konnte einfach nicht schlafen. Es war vier Uhr morgens, ich lag hellwach im Bett und machte mir Sorgen. Ständig umkreisten meine Gedanken das Problem und ließen sich weder durch Seiten- oder Rückenlage noch durch offene oder geschlossene Augen davon abhalten. »Was ist los mit dir?«, ruft es da plötzlich aus dem Bett neben mir. »Du wälzt dich hin und her, seufzt tief und hast mich aufgeweckt.«* – »Ich kann nicht schlafen. Ich mache mir Sorgen.« – »Über was denn?« – »Ach, du weißt schon. Über Mutter.« *Ich war so froh, meine Gedanken mit jemandem teilen zu können, dass ich das Problem in aller Ausführlichkeit zu schildern begann. Bis auf einmal ein leises Schnarchen an mein Ohr drang.*

An dieser Stelle der Geschichte werden Sie wahrscheinlich schmunzeln. *Fang ja nicht an zu lachen! Das ist nicht lustig!*, könnte Ihnen aber darauf erwidert werden. *Es war eine Frechheit. Ich war wirklich beleidigt. Und konnte erst recht nicht mehr schlafen!*

Nun, Ihnen wäre vielleicht in dieser Situation ebenfalls nicht zum Lachen zumute gewesen. Aber aus der Distanz betrachtet hat diese Geschichte wie viele andere eben doch auch eine komische Seite. Deshalb könnten Sie hier zum Trost anführen: *Komm schon, hättest du in jener Nacht die witzige Seite des Ganzen gesehen, hättest du dich sicher nicht beleidigt gefühlt, sondern belustigt. Also lass uns wenigstens jetzt darüber lachen.*

Genau wie in dieser Geschichte haben wir häufig die Gelegenheit, in allen möglichen und unmöglichen Situationen die komische Seite zu entdecken, zu lachen und uns so viele unangenehme Gefühle zu ersparen.

Humor ist nämlich etwas Wunderbares. Er hilft uns, Distanz zu nehmen, stimmt uns fröhlich, vertreibt die Gefahr, griesgrämig oder verbittert zu werden, und verbreitet eine gute Stimmung. Das Einzige, was wir dabei tun müssen, ist einfach nur, alles nicht ganz so ernst zu nehmen.

Versuchen Sie's: Nehmen Sie sich und Ihre Gefühle nicht zu ernst. Schauen Sie sich alles nochmals an. Ist es nicht vielleicht doch zum Lachen? Lachen Sie, kichern Sie, schmunzeln Sie: Es lohnt sich!

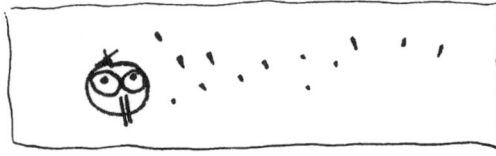

Halten Sie heute unmittelbar nach dem Aufwachen das erste Mal inne, und nehmen Sie Ihren Körper wahr, dann Ihr Gefühl. Nehmen Sie als Nächstes wahr, wie sich das Gefühl in Ihrem Körper zeigt. Werden Sie sich dessen bewusst, ob Sie das Gefühl angenehm, unangenehm oder neutral finden.

Fassen Sie dann einen Entschluss, was Sie jetzt gerade als Nächstes tun werden (zum Beispiel aufstehen).

Versuchen Sie, Ihren Entschluss jetzt möglichst achtsam auszuführen. Richten Sie dabei Ihre Aufmerksamkeit auf die verschiedenen Teilvorgänge Ihrer körperlichen Tätigkeit (wie zum Beispiel Decke zurückschlagen, sich aufsetzen, einen Fuß auf den Boden stellen etc.), und versuchen Sie, jeden Schritt Ihrer Handlung wahrzunehmen.

Wenn Sie den gefassten Entschluss in die Tat umgesetzt haben (zum Beispiel aufgestanden sind), beenden Sie die Übung, indem Sie Ihre Aufmerksamkeit wieder auf Ihren Körper richten und seine momentane Haltung (zum Beispiel Stehen) und seine Berührungen (zum Beispiel mit dem Boden) wahrnehmen.

Wiederholen Sie diese Übung im Verlauf des Tages. Die Achtsamkeit auf die Teilvorgänge körperlicher Tätigkeiten bringt eine beträchtliche Verlangsamung mit sich. Wählen Sie also Situationen, in denen Sie genügend Zeit zum Üben haben.

Innehalten
Körper wahrnehmen – Gefühl wahrnehmen
Gefühl im Körper wahrnehmen –
Bewertung wahrnehmen – Entschluss
fassen – Entschluss achtsam ausführen
Körper wahrnehmen – Übung beenden

Siebter Tag

Achtung, fertig, los!

Wir haben uns jetzt sechs Tage lang mit unseren Gefühlen und einem achtsamen Umgang mit ihnen beschäftigt, und es gab für jeden Tag eine Übung, mit der Sie einen bestimmten Aspekt vertiefen konnten. Nun ist es aber so, dass uns alles Wissen, jede Einsicht und die besten Absichten letztlich nicht viel nützen, wenn wir sie nicht wirklich in die Tat umsetzen. Es wird uns zum Beispiel kaum merklich besser gehen, wenn wir uns zwar vornehmen, achtsam zu sein, aber trotzdem nie innehalten und genau hinsehen. Und was nützt uns die Erkenntnis, dass Gefühle einfach sind, wie sie sind, wenn wir sie weiterhin ständig bewerten und kritisieren?

Der heutige, allerletzte Hinweis lautet deshalb:

Am siebten Tage sollst du nicht ruhn,
sondern es wirklich tun!

Nun, wie Sie wahrscheinlich selbst schon gemerkt haben, ist dies leichter gesagt als getan. Aber trösten Sie sich, das geht uns allen so. Denn auch mit den besten Absichten können wir auf hartnäckige innere Widerstände stoßen. Wie oft wehren wir uns gegen die Wirklichkeit der Gefühle und tappen dadurch auf unserem Weg immer wieder in die verschiedensten Fallen!

Lassen Sie sich aber nicht entmutigen. Es braucht Übung darin, eine Falle sicheren Fußes zu umgehen. Versuchen Sie's wieder beim nächsten Mal. Und wieder. Und nochmals.

Gerade wenn etwas neu ist, klappt es selten schon beim ersten Mal. Geben Sie nicht auf! Üben Sie weiter.

Und seien Sie gewiss: Was es auch immer ist, das wir im Umgang mit unseren Gefühlen üben müssen – wir haben in jedem Moment die Möglichkeit, damit zu beginnen, und Zeit dafür bis ans Ende des Lebens. Hauptsache, wir tun es! Und wenn wir es tatsächlich tun, wird sich früher oder später auch der Erfolg unserer Bemühungen zeigen.

Einen solch erfolgreichen Tag wollen wir uns jetzt, zum krönenden Abschluss dieser Woche, anschauen.

Und zwar wählen wir einen x-beliebigen Tag sowie x-beliebige Leute, die schon seit längerer Zeit üben. Diese begleiten wir dann vom Morgen bis zum Abend bei dem, was sie erleben und fühlen, und – wer weiß? – vielleicht beflügelt es uns für unseren eigenen Alltag!

Am Vormittag

Der Tag verspricht sonnig zu werden. Das sieht sie schon beim ersten kurzen Blick aus dem Fenster. Der verblassende Nachthimmel ist klar, die wenigen Wölkchen von der aufgehenden Sonne rot angehaucht. Aufstehen aber mag sie noch nicht, lieber sich nochmals ins Kissen kuscheln, bis die Kinder kommen – das wird früh genug sein!

Beim Dahindösen kommt ihr in den Sinn, dass sie mit ihnen heute einen Ausflug mit der Fähre über den See machen könnte. *Genau. Ich gehe gleich nach dem Frühstück das Nötige für ein Picknick einkaufen, so dass wir früh genug losfahren können.* Mit diesem Plan im Kopf nickt sie noch einmal ein, bis dann ein *Schau mal, Mama!* jeden weiteren Schlaf unmöglich macht und sie aus dem Bett steigt.

Nach dem Frühstück und dem Einkaufen sitzen alle reisefertig im Auto – es kann losgehen.

Die Kinder sind zappelig. *Wann sind wir auf der Fähre?*, wollen sie wissen. *Es dauert noch eine Weile, bis wir dort sind. – Wie lange denn? – Nicht so lang*, antwortet sie. *Nicht lange genug!*, denkt sie. Die Fähre ist nämlich genau ihr wunder Punkt. Von einem Boot kann sie nicht fliehen, es nicht anhalten, nichts tun, gar nichts, und das, wie sie aus Erfahrung weiß, findet sie äußerst unangenehm. Sie befürchtet, dass sie auch diesmal wieder Angst haben wird. Das geschieht ihr hin und wieder – vor allem in Situationen, in denen sie sich ausgeliefert fühlt.

Sie merkt, dass sie begonnen hat, das Lenkrad zu umklammern, und lockert den Griff ihrer Finger.

Der Verkehr wird immer dichter und fordert ihre ganze Aufmerksamkeit. Die Kinder kommentieren die Farben der Autos in der Kolonne nebenan, bis ihnen das langweilig wird und sie erneut fragen: *Wie lange geht's noch? – Jetzt sind wir bald da.* Während sie dies zur Antwort gibt, beginnt ihr Herz heftig zu klopfen. Sie spürt, wie ihr eng wird in der Brust. *Aha, die Angst ist gekommen.* Sie atmet tief ein und lässt die Luft langsam entströmen. Dabei gibt sie das ganze Gewicht ihres Körpers an den Sitz ab, entspannt sich. Nach einigen Atemzügen verebbt das Herzklopfen. *Am besten konzentriere ich mich jetzt auf etwas anderes.*

Das zu tun fällt ihr nicht schwer, da sie unterdessen am Anlegeplatz angekommen sind und sie den Wagen richtig einreihen muss, die Fahrkarte kaufen, die Fragen der Kinder beantworten und eine Flasche Orangensaft öffnen. Als danach alle im Wagen sitzen und darauf warten, aufs Boot fahren zu können, bemerkt sie erfreut, dass das Engegefühl verschwunden ist. Sie lächelt, legt ihre Arme aufs Lenkrad und schaut zu, wie ein Wagen nach dem andern langsam über die Rampe von der eben angekommenen Fähre herunterrollt. *Stand da nicht etwas in der Zeitung von einer Frau, die über den Rand der Rampe hinaus fuhr und ins Wasser fiel, mitsamt ihrem Hund? Hoffentlich passiert mir das nicht! Au weia! Jetzt klopft mein Herz wieder wie wild. Daran hätte ich nicht denken sollen. Solche Gedanken sind Kraftfutter für meine Ängste. Und die sollen nicht groß und stark werden!* Entschlossen setzt sie sich auf, ergreift mit beiden Händen das Lenkrad und achtet darauf, ihre Finger nicht zu verkrampfen. Dann wendet sie ihre Aufmerksamkeit dem Mann zu, der die Absperrungskette zu entfernen beginnt. Aber das alles nützt nichts. Die Beklemmung in der Brust wird stärker. Als der Wagen beim ersten Mal nicht anspringt, bricht ihr der Schweiß aus. *Ich werde nicht zulassen, dass meine Angst sogar den Motor blockiert – jetzt wird über diese blöde Rampe gefahren und basta.*

Geschafft! Sie legt den ersten Gang ein, zieht die Handbremse an und stellt den Motor ab. Ihre Stirn ist schweißnaß. Die Rampe wird weggezogen, das Schiff legt ab. Jetzt gibt es kein Zurück mehr.

Mit dem Handrücken wischt sie sich den Schweiß von der Stirn und streift den Sicherheitsgurt ab. *Also gut, jetzt steigen wir aus, laufen herum, schauen uns um.* Sie öffnet die Tür und steigt aus. Einen Moment lang steht sie einfach da und achtet auf nichts anderes als auf den Boden unter ihren Füßen. Dann lässt sie die Kinder aussteigen.

Begeistert ziehen diese sie hierhin und dorthin. Sie lässt sich mit weniger Begeisterung zeigen, wie tief das Boot im Wasser liegt, wie weit weg das Ufer schon ist, hört sich an, dass man jetzt ganz sicher nicht mehr zurückschwimmen könnte. *Genau der richtige Trost für mich!*, brummelt sie. *Ich fühle mich einfach nicht wohl hier, ich schwitze immer noch, und auch die Beklommenheit hat sich nicht verzogen. Heute ist die Angst wirklich schnell zur Stelle und scheint hartnäckig zu sein. Aber ich sehe ja schon das andere Ufer. Und wir werden ganz sicher dort ankommen. Und die Angst wird ganz sicher wieder vergehen.*

Mama! Mama! Nehmen wir beim Heimfahren auch die Fähre?, unterbrechen die Kinder ihre Gedanken. *Nur das nicht!*, stöhnt sie innerlich. *Heute bin ich so empfindlich in diesem Bereich – diese Fahrt zu ertragen reicht. Noch einmal – nein, das muss wirklich nicht sein. Wir können am Ufer entlang zurückfahren, diese Strecke ist auch schön.*

Nein, das werden wir nicht!, antwortet sie und macht sich auf lautstarken Protest gefasst.

Am Nachmittag

Pfeifend betritt er sein Büro. Die Sitzung am Morgen ist gut verlaufen, und das Mittagessen im kleinen Restaurant des Chinesen hat ihm wie immer gut geschmeckt. Zufrieden zieht er sein Jackett aus und hängt es in den Garderobenschrank. Dann holt er sich im Sekretariat den Stapel Briefe, der in seinem Fach für ihn bereitliegt.

Die ersten Kuverts enthalten Anträge, die erledigt werden müssen. *Hoppla*, denkt er, *an Arbeit wird es mir heute Nachmittag sicher nicht fehlen.* Als Nächstes folgen ein paar Werbebriefe. Dann stutzt er: eine Aktennotiz vom Chef.

Er beginnt, diese zu lesen, und nach den ersten Zeilen tritt ihm Zornesröte ins Gesicht. *Das darf doch nicht wahr sein! Das glaube ich einfach nicht.* Empört stößt er den Stuhl zurück und stürmt zum Fenster hinüber. *Das ist eine Frechheit!*, ruft er einem zufällig vorbeifahrenden Auto zu.

Erregt beginnt er im Zimmer hin- und herzulaufen. *Beim letzten Gespräch hat er sich meinem Lösungsvorschlag gegenüber sehr offen gezeigt, und jetzt das! Das ist pure Schikane. Macht mich das wütend.*

Er kehrt auf dem Absatz um und bleibt dann stehen. *Jetzt beruhige dich erst mal!*, beschwichtigt er sich. *Du hast die Notiz ja noch gar nicht zu Ende gelesen. Vielleicht wird's doch noch vernünftig.* Er schreitet zum Fenster, öffnet es und schließt die Augen. Atmet ein und aus und ein und aus.

Danach kehrt er zum Schreibtisch zurück, rückt den Stuhl näher heran und setzt sich so, dass auch seine Fersen den Boden berühren. Er lehnt sich zurück und spürt den Druck seines Rückens auf den Stuhl. Dann nimmt er das Schreiben in die Hand und liest es zu Ende. Es weicht bis zum Schluss nicht vom eingeschlagenen Ton ab.

Umgehend stellt er, von neuem empört, den Computer an. *So kann niemand mit mir umge-*

hen. Das dulde ich nicht. Das gibt einen saftigen Brief zurück.

Er füllt den offiziellen Briefkopf aus, dann beginnt er in scharfem Ton seine Argumente darzulegen. Dabei wird sein Mund ganz trocken, und er spürt, wie seine Wut mit jedem Satz anschwillt. *Auf diese Weise höre ich nicht auf, mich zu ärgern, im Gegenteil.*

Kurzerhand speichert er das bis jetzt Geschriebene und erhebt sich. Er holt ein Glas Wasser und setzt sich damit in den bequemen Besuchersessel.

Er trinkt langsam, Schluck für Schluck. Spürt, wie das Wasser sich im Gaumen anfühlt, wie es seine Kehle nässt. Als er das Glas ausgetrunken hat, stellt er es ab und schließt die Augen. Er ruft sich das letzte Gespräch mit seinem Chef ins Gedächtnis zurück und vergegenwärtigt sich dessen Verlauf. *Nein, ich habe mir wirklich nichts vorzuwerfen. Ich kenne ihn ja, ich weiß, wie sehr er an seiner Macht hängt und wie gerne er einen die spüren lässt. Deshalb war ich höflich zu ihm und blieb die ganze Zeit über sachlich. Das tu ich eigentlich sowieso immer, zu meinem eigenen Schutz. Und darüber bin ich jetzt wirklich froh, das muss ich sagen. Aber trotzdem, die Lösung, die er gewählt hat, löst überhaupt nichts. Sie dient ausschließlich seiner Machtgier.* Er öffnet die Augen und seufzt. *Von jemandem schikaniert zu werden ist nichts Schönes. Aber wenigstens bin ich jetzt ruhiger.*

Er steht auf, nimmt das Glas und spült es aus. Danach setzt er sich wieder vor den Computer. Der Brief mit den zornigen Worten ist vom Bildschirm verschwunden, statt dessen kreisen darauf farbige Spiralen. Bei deren Anblick kommt ihm eine Idee. Grinsend tippt er ein paar Worte, die an Stelle der Spiralen auf dem Bildschirmschoner erscheinen sollen. *So, damit ist im Moment meiner Wut Genüge getan. Jetzt erledige ich die Anträge, und was ich mit dieser Angelegenheit mache – nun, ist erst der Ärger verflogen, wird mir bestimmt eine angemessene Strategie einfallen.*

Er lässt seinen Spruch noch einmal über den Bildschirm laufen, dann öffnet er, immer noch grinsend, ein neues Dokument.

Am Abend

Sie schließt die Haustür ab, steckt den Schlüssel in die Tasche ihrer Hose und geht die Treppe hinunter. Unten bleibt sie stehen und blickt auf den üppig wuchernden Farn neben der Treppe. *Wie gut der gedeiht! Der Schatten hier gefällt ihm offensichtlich.* Sie kauert nieder und entfernt ein paar dürre Wedel. Behutsam streicht sie mit dem Daumen über eine Blattspitze und richtet sich wieder auf.

Sie öffnet das Gartentor und tritt auf die Straße, bleibt stehen und überlegt einen Moment lang, welche Richtung sie einschlagen will. *Der Abend ist so schön, und es ist immer noch warm. Ich glaube, ich nehme den etwas längeren Weg in den Wald. Es dauert ja noch eine Weile, bis die Sonne untergeht.* Zufrieden lächelnd beginnt sie die Straße entlang zu schlendern. Nach einer Weile biegt sie in den kleinen Seitenweg ein, der sich zum Wald hin zwischen den Gärten durchschlängelt. Schon als Kind hat sie solche Pfade geliebt. Unter dem Blätterdach der überhängenden Zweige kann man sich beschützt und geborgen fühlen. Alles wirkt ein wenig geheimnisvoll und scheint voller Überraschungen zu stecken.

Wie immer beginnt der kleine Hund im Garten des gelben Hauses zu bellen, als sie an *seinem* Grundstück vorbeigeht. Wie immer bleibt sie einen Moment stehen. *Braver Hund, ist ja gut, komm her!*, ruft sie, und als er mit wedelndem Schwanz ankommt, krault sie seinen Kopf durch die Latten des Zaunes hindurch. Beim Weitergehen erspäht sie durch eine Hecke etwas Blaues. Neugierig geht sie darauf zu und biegt ein paar Zweige zur Seite. *Rittersporn! Wie schön. Ich liebe dessen Farbe.*

Als sie ihren Weg fortsetzt, kommt ihr plötzlich eine kleine Melodie in den Sinn. Sie summt sie vor sich hin, und beinahe hätte sie begonnen, dazu im Takt zu hüpfen. *In meinem Alter!* Sie schmunzelt. Schließlich ist sie am Ende des Weges angekommen, dort, wo er in den Wald mündet.

Riecht das gut hier! Nach Erde und Harz. Und einem Hauch Moos. Schnüffelnd wie ein Hund setzt sie ihren Spaziergang fort und spürt mit ihrer Nase noch einen schwachen Rauchduft auf – wahrscheinlich von einem Grill. Sie denkt an andere Düfte, die sie gerne mag. *Eine Wiese nach dem Regen. Flieder. Der Geruch von Essen, wenn ich Hunger habe. Und natürlich mein liebster Duft von allen: feuchtheiße, von Orchideenblüten durchwobene Luft. Ah! Paradiesisch! Ach, könnte ich das wieder einmal riechen!* Sie schmunzelt ob der Richtung, die ihre Gedanken genommen haben. *Na klar – wäre es, könnte ich! Aber jetzt bin ich im Wald und eben hier bei meinem Lieblingsplätzchen angekommen.*

Sie lässt sich auf dem Moosteppich nieder, der sich zwischen den Wurzeln eines stämmigen Baumes ausbreitet. Als sie bequem sitzt, legt sie beide Handflächen auf den Boden, und für eine Weile achtet sie nur auf die Berührung mit der feuchten Kühle des Mooses.

Dann schaut sie sich um. Lässt ihren Blick auf den Ästen einer Buche ruhen. Beobachtet das Licht-und-Schatten-Spiel auf den Blättern. Gähnt herzhaft. Entdeckt einen Käfer, der emsig vorbeikrabbelt. Streckt sich. Erhebt sich langsam. Macht ein paar Schritte auf dem weichen Boden.

Weiter vorne, bei einem Baumstrunk, sieht sie am Boden verstreute Federn. Beim Näherkommen erkennt sie den verwesenden Körper eines Vogels. *Eine Taube wahrscheinlich.* Mit dem Fuß schiebt sie einige dürre Blätter über das tote Tier.

Unterdessen ist es kühler geworden. Sie beschließt, sich auf den Rückweg zu machen. *Vielleicht finde ich auf dem Heimweg ein paar Bee-*

ren, die noch nicht gepflückt worden sind und über den Zaun hängen! Doch sie hat kein Glück; in den Gärten, an denen sie vorbeikommt, wachsen keine Beeren in Zaunnähe.

Als sie in die Nähe der stark befahrenen Straße kommt, schlägt sie eine schnellere Gangart ein. Es dauert nicht lange, und sie ist wieder bei sich zu Hause angekommen.

Ah, war das schön!, stellt sie beim Ausziehen der Schuhe fest. *Ein wundervoller Abend. Und jetzt, als perfektes Ende, lass' ich mir noch ein Bad ein. Und zwar ein Vollbad.*

Zuerst trinkt sie in der Küche noch ein Glas kalten Tee. Danach zieht sie sich ins Badezimmer zurück, lässt Wasser in die Wanne laufen und holt ihre Badeöle und Schaumbäder hervor. *Welches soll ich heute Abend benutzen? Das belebende mit Rosmarin? Nein, ich glaube, das passt nicht, ich fühle mich im Moment sehr wach und lebendig. Oder das da mit Orangenblüten, das harmonisierend wirkt? Auch nicht, ich fühle mich ja schon ausgeglichen und zufrieden.* Zum Schluss wählt sie ein ganz gewöhnliches Schaumbad aus dem Kaufhaus. *Das braucht nicht zu passen, nur zu schäumen. Ah.* Vorsichtig taucht sie ihre Füße durch den Schaum ins Wasser.

Ich bin glücklich!, denkt sie, als sie bis zum Hals im Wasser liegt. Sie lächelt und schließt zufrieden die Augen.

Entspannt daliegend hört sie dem leisen Geräusch des Schaumes zu, der sich Blase für Blase auflöst. Als sie die Augen schließlich wieder öffnet, ist er fast verschwunden. Nur ein paar weiße Flecken treiben noch über ihrer Brust und schwappen bei jedem Atemzug vor und zurück.

Eigentlich habe ich doch den absolut passenden Badezusatz für meine glücklichen Gefühle gewählt. Sie schmunzelt. *Duftender, weicher, weißer Schaum, der sich vor meinen Augen auflöst und verschwindet. Welch wunderbares Bild für die Vergänglichkeit von allem!*

Sie schließt noch einmal die Augen und achtet für eine Weile nur auf ihr Einatmen und Ausatmen. Dann setzt sie sich auf und beginnt sich zu waschen.

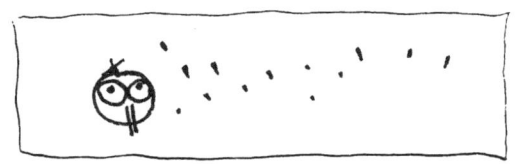

Heute ist der letzte Tag dieser Woche, und die folgende Anleitung ist somit die letzte Aufforderung an Sie:

Üben Sie weiter!

Gelassen werden und bleiben

Jessica Wilker
Das Einmaleins der Gelassenheit
Vom besseren Umgang mit uns selbst
160 Seiten | Paperback
ISBN 978-3-451-07134-8

Wer wünscht sich das nicht – mehr Gelassenheit im Alltag. Die Seelenruhe, auch im zunehmenden Stress und dem Ansturm der Pflichten und Aufgaben einen kühlen Kopf zu bewahren. Jessica Wilker zeigt auf humorvoll persönliche Weise, wie wir einen freundschaftlichen Umgang mit uns selbst entwickeln und täglich pflegen können.

In jeder Buchhandlung

HERDER
Lesen ist Leben

www.herder.de

Wer zufrieden ist, braucht das Glück nicht zu suchen

Jessica Wilker
Das Einmaleins der Zufriedenheit
112 Seiten | Paperback
ISBN 978-3-451-07156-0

Glück ist nicht verlässlich: Es trifft ein oder bleibt aus, fällt uns zu und verlässt uns wieder. Zufriedenheit hingegen kann uns davon befreien, den Launen des Schicksals ausgeliefert zu sein. In diesem lebensnahen und humorvollen Ratgeber erklärt Jessica Wilker mit praktischen Anleitungen und Tipps aus Buddhismus und Psychologie, wie wir Zufriedenheit finden können.

In jeder Buchhandlung

HERDER
Lesen ist Leben

www.herder.de